1058-1059

# ZOROASTRE,

## *OPÉRA,*

REPRÉSENTÉ

*POUR LA PREMIERE FOIS*

## PAR L'ACADÉMIE ROYALE

## *DE MUSIQUE,*

Le 5. Décembre 1749.

## ET REMIS AU THÉATRE

*Le Mardi 20 Janvier 1756.*

*PRIX XXX SOLS.*

## *AUX DÉPENS DE L'ACADÉMIE.*

A PARIS, Chez la V. Delormel & Fils, Imprimeur de ladite Académie, rue du Foin, à l'Image Ste. Geneviéve.

*On trouvera des Livres de Paroles à la Salle de l'Opéra.*

M. DCC. LVI.

*AVEC APPROBATION ET PRIVILEGE DU ROI.*

Les Paroles de Monſieur de *C A H U S A C*,
de l'Académie Royale des Siences & Belles Lettres
de Pruſſe.

La Muſique de Monſieur *R A M E A U*.

# PERSONNAGES CHANTANS.

*Dans les Chœurs.*

| CÔTE' DU ROI. | | CÔTE' DE LA REINE. | |
|---|---|---|---|
| *Mesdemoiselles.* | *Messieurs.* | *Mesdemoiselles.* | *Messieurs.* |
| Larcher. | Lefebvre. | Rollet. | S. Martin. |
| Cazeau. | Le Page. C. | Daliere. | Gratin. |
| LeTourneur | Larivée. | Masson. | Le Mesle. |
| La Croix. | Le Roy. | Gondré. | Pinart. |
| Sallaville. | Vallet. | Héry. | Albert. |
| Gaultier. | l'Evêque. | Adelaïde. | l'Ecuyer. |
| De S.Hilaire. | Selle. | Lachanterie | Chapotin. |
| Edmée. | Roze. | | Favier. |
| Hebert. | Robin. | Dauger. | Feret. |
| Vanhoff. | Antheaume. | Beyssac. | Du Perrier. |
| | Parent. | Dubois c. | Laurent. |
| | | | Louatron. |

ON *regarde* ZOROASTRE *comme l'Inventeur de la Magie*, (a) *l'opinion la plus commune eſt qu'il fut Roi de la Baƈtriane.*

*Il n'eſt point d'homme dans l'antiquité dont on ait écrit & conté tant de fables. On ne s'accorde ni ſur le tems, ni ſur le lieu de ſa naiſſance ; on n'eſt guères mieux inſtruit des climats où il a le plus conſtament vécu, ni de celui où il a ceſſé de vivre.* (b)

*Il fut l'inſtituteur des Mages, les premiers Philoſophes de la terre ; il imagina un bon & un mauvais principe, ſe combattant ſans ceſſe, juſqu'à ce que l'auteur du bien put remporter une victoire complette ſur l'auteur du mal.* (c) *Il donnoit au premier le nom d'Oromaſe ou de* Lumiere, *& au dernier celui d'Ariman ou de* Ténébres. (d)

*Il rendoit un culte ſolemnel au Soleil & au feu ; mais par une impulſion ſublime de ſon génie ; il n'honoroit*

( a ) On diſtingue deux ſortes de Magie ; la *Goetie* qui eſt regardée comme diabolique ; & la *Theurgie* qui eſt toujours bienfaiſante.

( b ) Les bons Critiques s'accordent ſur la pluralité des *Zoroaſtres*, comme ſur la pluralité des *Hercules* ; par ce moyen on peut concilier les actions tout-à-fait contraires attribuées à ce perſonnage célébre. *Prid. Hiſt. des J. Pli. Hiſt. hi. n. c.* 1. *Phil. or. de Stanley*, miſe en latin par Leclerc.

( c ) *Et hæc duo contra ſe invicem inſurgebant, & de victoria contendebant, donec lux viceret tenebras, & bonum malum.* Hyde Hiſ. rel. vet. Perſ.

( d ) Le mauvais principe eſt nommé indifferemment *Arimanius* ou *Ariman.*

l'un, (e) que comme le trône, l'autre que comme le symbole du principe immuable, objet unique de son adoration.

Il suppofoit des Etres inferieurs repandus dans les differentes spheres, pour y maintenir cette harmonie, si néceffaire au monde. Selon Plutarque, il entretenoit avec ces Génies le commerce le plus intime. C'étoit-là sa magie. (f)

Un perfonnage auffi célébre par fes principes & par fes actions, les révolutions qu'il a caufé dans les efprits, la puiffance furnaturelle que les traditions anciennes lui attribuent, les biens fans nombre qu'il a répandu fur l'humanité, ont paru le champ le plus fertile pour un théâtre qui mériteroit d'être mieux connu, & auquel l'opinion commune femble prefcrire des bornes que l'art a craint trop longtems de franchir.

On oppofe à ZOROASTRE un Prêtre ambitieux, Miniftre farouche du mauvais principe; on le fuppofe l'inventeur de cette magie, ( g ) dont le pouvoir re-doutable émane des efprits de ténébres. C'eft à lui qu'on attribue l'inftitution facrilége du culte des Idoles, & toutes les erreurs groffieres qui ont fi longtems égaré l'Univers. ( h ) On établit, en un mot, Zoroaftre &

e) Plu. de & Os. Huet. Confu. En. &c.
(f) La Theurgie.
(g) La Goetie.
(h) Zoroaftre eut à combattre & à détruire l'Idolâtrie répandue dans la Bactriane, dans la Perfe & dans prefque tout le refte du monde.

*Abramane rivaux de puiſſance, de gloire & d'amour.*
*La force du ſujet offre ainſi d'elle-même le ſpectacle de la*
*vertu toujours perſécutée & jamais abbatue, triomphante*
*enfin au moment même, où l'artifice, la haine, la*
*vengeance ont porté ſon infortune juſqu'au dernier pé-*
*riode du malheur.* ( j ) *Que de grands tableaux, que*
*de machines ingénieuſes, quel jeu continuel des plus*
*fortes paſſions, quelle foule de ſituations frapantes ne*
*devroit-on pas attendre d'un fonds auſſi riche, ſi le bonheur*
*de l'art l'avoit fait tomber en des mains plus habiles?*

( j ) Oromaſés annonce ce dénoument Acte deuxiéme, Scene troiſiéme ;
par ces deux Vers.
 *Le malheur a ſon terme & doit avoir ſon cours.*
 *Il finit dès qu'il eſt extrême.*

## L'OUVERTURE SERT DE PROLOGUE.

La premiere partie eſt un tableau fort & pathetique du pouvoir barbare d'Abramane, & des gémiſſemens des peuples qu'il opprime. Un doux calme ſuccéde : l'eſpoir renaît.

La ſeconde partie eſt une image vive & riante de la puiſſance bienfaiſante de Zoroaſtre , & du bonheur des peuples qu'il a délivré de l'oppreſſion.

C'eſt le premier Opéra répréſenté ſans Prologue. On ſe récria en 1749 contre cette nouveauté. L'expérience l'a juſtifiée. Le tems eſt ſi précieux au Théâtre lyrique , une grande action exige dans ce local une ſi grande quantité de moyens, la Poéſie , la Peinture , la Machine , la Muſique & la Danſe doivent y être enchaînées par des mouvemens ſi rapides & ſi variés , qu'on ne peut y ménager les momens avec trop d'œconomie, ni en retrancher les ſuperfluités avec trop de ſévérité.

On avoit eſpéré pouvoir offrir dans les habillemens de cet Opera , le tableau pittoreſque de l'ancienne maniere d'Etre des Nations qui y ont été introduites. Des obſtacles imprévus ont éloigné l'exécution de la plus grande partie de ce projet. Sans doute naîtra-t'il un jour des circonſtances plus heureuſes. On peut augurer que les François ne voudront pas ſe priver long - tems d'un plaiſir ſi conforme à cette inſtruction devenue générale, qui les diſtingue avec tant d'avantage de tous les autres Peuples de la terre. C'eſt ici une occaſion honorable pour eux de ſe livrer à ce bon gout naturel qui les engage à ſacrifier , du premier coup d'œil , toutes les vieilles routines qui enchaînent & déshonorent les Arts, aux nouveautés heureuſes qui embelliſſent leurs ſuccès , qui ſont la preuve de leurs progrès , & les ſeuls augures certains de leur durée.

# ACTEURS.

ZOROASTRE, *Instituteur*
    *des Mages.*          Mr Poirier.

AMELITE, *héritiere préfomptive*
    *du Trône de la Bactriane.* Mlle Fel.

ERINICE, *Princeffe du Sang*
    *des Rois de la Bactriane.*   Mlle Chevallier.

ABRAMANE, *Grand Prêtre*
    *D'ARIMAN.*          Mr. De Chaffé.

CEPHIE, *Jeune Bactrienne de la*
    *Cour d'AMELITE.*     Mlle Davaux.

ZOPIRE, } *Prêtres d'ARIMAN.* Mr Perfon.
NARBANOR, }              Mr Cuvilier.

OROMASÉS, *Roi des Genies.* Mr Gelin.

LA VENGEANCE,     Mr Larivée.

Une VOIX SOUTEREINE.   Mr Defbelles.

LES FURIES.         Mlles { Daliere.
                        { Dubois.
                        { Duval.
                 Mrs { Le Roy.
                      { Laurent.

BACTRIENS BACTRIENNES.
ESPRITS DES ELEMENS.
LA HAINE, LE DESESPOIR.
DEMONS.
BERGERS & BERGERES, PASTRES & PASTOURELLES.

La Scene eft à Bactre, Capitale de la Bactrianne & dans
        fes environs.

PERSONNAGES

# PERSONNAGES DANSANS.

## ACTE PREMIER.

### SUIVANTS ET SUIVANTES D'AMELITE.

M<sup>r</sup> GAILLINI. M<sup>lle</sup> PUVIGNÉE.

M<sup>rs</sup> Beat, Galodier, Bertrin, Dubois, Trupty, Veſtris, c.

M<sup>lles</sup> Ponchon, Morel, Himblot, Maupin, Chomar, Veſian.

## ACTE II.

### Premier Divertiſſement.

### ESPRITS ÉLEMENTAIRES.

Le Feu. M<sup>r</sup> VESTRIS. L'Air. M<sup>lle</sup> VESTRIS.

Le Feu. M<sup>rs</sup> Feuillade, Henry.

La Terre. M<sup>rs</sup> Dupré, Deſplaces.

L'Air. M<sup>lles</sup> Dumiray, Riquet.

L'Eau. M<sup>lles</sup> Chevrier, Marquiſe.

### Second Divertiſſement.

### PEUPLES BACTRIENS.

M<sup>r</sup> TAVOLAYGO.

M<sup>r</sup> HYACINTHE. M<sup>lle</sup> CARVILLE.

M BEAT, M<sup>lle</sup> REIX, M<sup>r</sup> GALODIER.

M<sup>rs</sup> Dubois, Bertrin, Veſtris, c.

M<sup>lles</sup> Grenier, Deſchamps, Fleury.

B

# ACTE III.

*Premier Divertissement.*

## JEUNES HABITANTES
du rivage du fleuve de Bactre.

### M^lle L A N Y.

### M^lles R I Q U E T, D U M I R A Y.

M^lles Courcelle, Couppé, Chomar, Deschamps,

*Second Divertissement.*

## JEUNES HABITANS DES MONTAGNES
qu'on voit dans la perspective.

### M^r L A N Y.

### M^rs G A I L L I N I, LE LIEVRE.

M^rs Beat, Trupty, Galodier, Vestris, c.

# ACTE IV.

*Premier Divertissement.*

## PRESTRES D'ARIMAN.

M<sup>rs</sup> LYONNOIS , HYACINTHE , TAVOLAYGO.

M<sup>rs</sup> Dupré , Feuillade , Desplaces, Gaillini, Bertrin , Henri.

*Second Divertissement.*

## DÉMONS.

*Le désespoir.* M<sup>r</sup> LAVAL, *La Haine.* M<sup>lle</sup> LYONNOIS.

M<sup>rs</sup> le Lievre , Beat , Trupty , Dubois, Golodier , Vestris , c.

# ACTE V.

*Premier Divertissement.*

## ESPRITS ÉLEMENTAIRES.

*Le Feu.* M<sup>r</sup> VESTRIS. *L'Air.* M<sup>lle</sup> VESTRIS.

*Le Feu.* M<sup>s</sup> Feuillade , Henry.
*La Terre.* M Dupré , Desplaces.
*L'Air.* M<sup>les</sup> Dumiray , Riquet.
*L'Eau.* M<sup>les</sup> Chevrier , Marquise.

*Second Divertissement.*

## BERGERS , BERGERES.

M<sup>r</sup> GAILLINI, M<sup>lle</sup> PUVIGNÉE.

M<sup>rs</sup> Bertrin , Trupty , Vestris, c.
M<sup>lles</sup> Sauvage, Deschamps, Armand.

## PASTRES , PASTOURELLES.

M<sup>r</sup> LANY, M<sup>lle</sup> LANY.

M<sup>rs</sup> Beat , Dubois , Galodier.
M<sup>les</sup> Himblot, Chomar, Maupin..

## PAS DE SEPT.

M<sup>rs</sup> LANY , LYONNOIS, VESTRIS, GAILLINI.
M<sup>lles</sup> LANY , PUVIGNÉE , VESTRIS.

# ZOROASTRE,
## O P E R A.

## ACTE PREMIER.

*Le Théâtre repréfente les Jardins des Rois de la Bactriane ; on y voit les traces d'un orage , qui les a ravagés , & qui vient de finir.*

## SCENE PREMIERE.
### ABRAMANE, ZOPIRE, NARBANOR.
### Z O P I R E.

A L'heureux Abramane , enfin , tout eft propice.
Le Peuple confterné de ce ravage affreux,
Pour difpofer du trône attend l'arrêt des Dieux :

Faites les déclarer en faveur d'Erinice.

### A B R A M A N E.

C'en eſt fait : qu'à ſon tour Amelite gemiſſe.

Non je ne puis aſſez punir
Une inhumaine qui m'outrage.

Dans des fers odieux eſt-ce à moi de languir ?
Zoroaſtre eſt aimé : la haine eſt mon partage.

Non je ne puis aſſez punir.
Une inhumaine qui m'outrage.

Trop ingrate Amelite , il eſt tems que ma rage
Te rende tous les maux que tu m'as fait ſouffrir.

Non je ne puis aſſez punir
Une inhumaine qui m'outrage.

### Z O P I R E.

Et nos Dieux & le Peuple ont proſcrit ſans retour
Le Chef audacieux d'une Secte ennemie.
Le Roi qu'avoient ſéduit les erreurs de l'impie ,
A la Fleur de ſes ans vient de perdre le jour.
Rien ne peut plus troubler le cours de votre vie ,
Si vous triomphés de l'Amour.

### A B R A M A N E.

Zoroaſtre eſt proſcrit, il fuit; mais il reſpire.

ZOPIRE.

Nos Dieux de leur gloire jaloux,
Ont vengé leurs Autels, qu'ils ne doivent qu'à vous,

ABRAMANE.

Eſt-ce aſſez d'un exil pour l'horreur qu'il m'inſpire?

NARBANOR.

Peut-il échapper à vos coups ?

De vos enchantemens la force eſt invincible.
Le pouvoir, qu'Ariman a remis en vos mains
De ſa vaſte puiſſance eſt l'image terrible :
Vous avez à ſes piés entraîné les humains.

ABRAMANE.

Ce pouvoir éclatant ne touche plus mon ame.
Que l'appas d'un trône eſt flateur !
Ce bien ſeul manque à ma grandeur ;
Et mon ambition, qui s'irrite, & s'enflâme,
Le preſente ſans ceſſe aux déſirs de mon cœur.

Puis-je compter ſur Erinice ?
Zopire, elle devoit m'attendre dans ces lieux.

ZOPIRE.

Vous la voyez ; mes ſoins ont ſecondé vos vœux.
Qu'au défaut de l'Amour la gloire vous uniſſe.
Immolés tout pour être heureux.

*Il ſort avec Narbanor.*

## SCENE II.
### ERINICE, ABRAMANE.
#### ABRAMANE.

PRinceſſe , avec Phærés la tyrannie expire.
Ses yeux étoient couverts d'un funeſte bandeau ,
    Et nos Dieux qu'il croyoit détruire ,
L'ont conduit à pas lents dans la nuit du tombeau.

Voir nos Peuples heureux, eſt le bien où j'aſpire.
Amelite eſt d'un ſang qui nous donna des Rois;
Mais au trône , comme elle , Erinice a des droits ,
Et les Dieux pour regler le ſort de cet empire,
    Vont bientôt emprunter ma voix.

#### ERINICE.

Je t'entens. Pour regner, parle , que faut-il faire ?

#### ABRAMANE.
    ·Nous unir pour jamais.

De mon cœur, ma juſte colere
D'un ingrate efface les traits.
Je rends grace à l'Amour & ſa rigueur m'eſt chere ;
Il vouloit m'inſpirer le déſir de vous plaire ,
Vous reſerver un trône , & venger vos attraits.
            *ERINICE.*

## E R I N I C E.

Tu prens pour t'excufer une inutile peine:
Laiffe, laiffe avec moi ce frivole détour.
Je te connois : tu vas me connoître à ton tour.

Je fens pour Zoroaftre une tendreffe vaine.
L'efpoir de la venger l'étouffe fans retour.
Regnons, & ne fongeons aux tranfports de l'amour.
Que pour fervir ceux de la haine.

### E N S E M B L E.

Uniffons nos fureurs.
Gouttons les douceurs
D'une vengeance éclatante.

### E R I N I C E.

De ma rivale tremblante
Je verrai couler les pleurs.

### A B R A M A N E.

Je jouirai de la rage impuiffante
D'un ennemi jaloux accablé de malheurs.

### E N S E M B L E.

Uniffons nos fureurs :
Goutons les douceurs
D'une vengeance éclatante.

C

ZOROASTRE,

*ERINICE.*

Hatons-nous. Que les Dieux fe déclarent pour moi :
    C'eſt à ce prix que je me donne.
Si tu me fais regner , je jure qu'avec toi
    Je partagerai ma couronne.

    Dieux terribles, Dieux puiſſans ,
    Sur ma tête lancez la foudre :
Eclattez , hatez-vous de me reduire en poudre ,
    Si je trahis mes ſermens.

*A B R A M A N E.*

Je ne balance plus. * Que ce don ſoit le gage
    Du nœud ſacré qui nous engage.

*Prélude.*

    On approche ... quittons ces lieux.
Qu'Amelite à ſon gré me dédaigne & m'offenſe :
Je vous laiſſe un pouvoir égal à ma puiſſance ,
Je ſuis aſſés vengé s'il éclatte à ſes yeux.

*E R I N I C E*

    Il ſuffit. Repons-moi des Dieux ,
    Je te repons de ta vengeance.

*Ils ſortent par les deux côtés oppoſés.*

---

* Il partage ſa baguette magique , il en donne une moitié à Erinice.

# SCENE III.

AMELITE, CEPHIE, jeunes BACTRIENS
ET BACTRIENNES.

*CHŒUR , fur lequel on danfe autour d'Amelite.*

R Affurez-vous tendre Amelite,
Voyez nos jeux , écoutez-nous ;
Que le trouble qui vous agite
Cede à l'efpoir le plus doux.

### CEPHIE.

A tous nos tendres foins n'êtes-vous plus fenfible?
Ne pourront-ils jamais adoucir vos douleurs ?

### AMELITE.

Ah ! Cephie !

### CEPHIE.

Efperez , & fufpendez vos pleurs.
Le Ciel pour la vertu peut-il être inflexible ?
C'eft fouvent un fort plus paifible
Que lui préparent fes rigueurs.

C ij

### A M E L I T E.

Reviens, c'eſt l'amour qui t'appelle,
Cher Amant, viens regner ſur des Peuples ſoumis,
Et ſur le cœur le plus fidelle.

De tes barbares ennemis
Brave la rage criminelle ;
Calme pour ton retour, & ma terreur mortelle,
Et les peines dont tu gémis.

Reviens, c'eſt l'amour qui t'appelle,
Cher Amant, viens regner ſur des Peuples ſoumis,
Et ſur le cœur le plus fidelle.

*Accablée de douleur, elle ſe laiſſe tomber ſur un lit de
gazon ; ſa Cour s'empreſſe, danſe autour d'elle,
& lui peint ſucceſſivement les ennuis de l'abſence, &
les doux tranſports que goutent les Amans, au moment du retour.*

### C E P H I E.

L'Amour pour un cœur qui l'implore
N'a point d'éternelles rigueurs.

Les tendres pleurs
Que répand l'Aurore,
Font bientôt éclore
Les plus belles fleurs.

*Le Ballet continue.*

## *A M E L I T E.*

Cher Zoroaſtre hélas! Quel deſtin eſt le nôtre!
Ton cœur du moins, ton cœur s'occupe-t'il de moi?

Dieux! S'il ſoupiroit pour une autre,
L'orſque je ne vis que pour toi?

Non, non, une flâme volage
Ne peut me ravir mon Amant.

Nos cœurs guidés par leur penchant,
Se ſont choiſis pour leur partage.
Tendre Amour, cet accord charmant
D'un ſeul de tes traits fut l'ouvrage.

Non, non, une flâme volage
Ne peut me ravir mon Amant.

*Le Ballet continue, il eſt interrompu par un bruit*
*ſemblable à celui qui précéde les tremblemens de terre,*
*le ciel s'obſcurcit &c.*

## *A M E L I T E, C E P H I E, C H Œ U R,*

Les rayons du ſoleil paliſſent.
La terre tremble : le jour fuit.

Au bruit dont les airs retentiffent,
Les cris des échos s'uniffent.
Quelle affreufe nuit !

---

# SCENE IV.

ERINICE, & les Acteurs précédens.

*AMELITE, en courant à Erinice.*

C'Eſt vous, chere Erinice?... Ah ! Dans mon
trouble extrême,
Votre danger redouble ma terreur.
Fuyons des lieux remplis d'horreur :
Venez, je crains pour vous autant que pour moi-
même.

### ERINICE.

Il n'eſt plus tems de feindre. Aprens quel eſt ton
fort,
Et tremble en connoiffant ma haine & ma puiffance.

### AMELITE.

Qu'entens-je !... Eh ! D'où peut naître un fi cruel
tranfport ?

*ERINICE, à la fuite d'Amelite.*

Eloignez-vous, ou craignez ma vengeance.
Redoutez des tourmens plus cruels que la mort.

*La fuite fort.*

# SCENE V.

### AMELITE, ERINICE.

#### *AMELITE.*

HElas! Tout fuit: tout m'abandonne.

#### *ERINICE.*

Ton bonheur disparoît , & leur fuite t'étonne ?

Venez, Esprits cruels, soumis à mon pouvoir ,
Abramane commande , & ma voix vous appelle ,

Venez, faites regner à jamais autour d'elle
La terreur & le désespoir.

*Elle disparoît.*

# SCENE VI.

### ESPRITS CRUELS, AMELITE.

#### *AMELITE.*

DIeux, protecteurs de l'innocence ,
Dieux justes, prenez ma défense !

CHŒUR *d'esprits cruels qui saisissent & entraînent*
A M E L I T E.

   Tremble , tremble, fuis nos pas:
   Envain l'innocence crie ,
   L'enfer ne l'écoute pas.
Il la poursuit pendant la vie :
Il la venge après le trépas.

FIN DU PREMIER ACTE.

ACTE

# ACTE SECOND.

*Le Théâtre répréfente le Palais d'Oromafés,
Roy des Genies.*

# SCENE PREMIERE.

## ZOROASTRE *feul.*

Mes triftes regards dans ce riant empire,
Des jeux toujours nouveaux font briller
leurs attraits.
Hélas ! Rien ne fçauroit adoucir mes regrets.

Mon cœur fe trouble & je foupire
Dans le fein même de la paix.

Aimable & digne objet de l'amour le plus tendre,
Sans toi, je ne vis plus, mon ame eft avec toi.

De mille ennuis mortels, qui s'emparent de moi,
Le plaifir, qui me fuit, veut envain me défendre :
Eh ! puis-je l'écouter, m'y livrer, ni l'attendre
Que dans les lieux où je te voi.

D

Aimable & digne objet de l'amour le plus tendre,
Sans toi, je ne vis plus, mon ame est avec toi.

---

## S C E N E  II.

### OROMASÉS, ZOROASTRE.

#### O R O M A S É S.

Dans cet azile favorable
Tu n'as vû que des jours serains ;
Mais la terre gemit, un monstre impitoyable,
Sous un sceptre de fer, fait trembler les humains.
Au coup le plus cruel que ton cœur se prépare.

#### Z O R O A S T R E.

Je frémis. . . . Amelite ?. .

#### O R O M A S É S.

Il faut briser ses fers.

#### Z O R O A S T R E.

Ses fers !. . . Elle seroit au pouvoir d'un barbare ?
Et l'espace immense des airs
D'un objet si cher me sépare !

#### O R O M A S É S.

Du charme des plaisirs, & du poids des revers,

J'ai vû triompher ta conſtance.
Du ciel, qui l'éprouvoit, va prendre la défenſe,
Zoroaſtre, il eſt tems d'affranchir l'univers.

## ZOROASTRE.

Mais ſes jours?.. Pardonnés à ma tendreſſe extrême.

Hélas! Mille fois ſans effroi
J'ai vû le danger, la mort même.
Je n'ai jamais rien craint pour moi,
Et je crains tout pour ce que j'aime.

## OROMASÉS.

L'arbitre ſouverain de la terre & des cieux
Veut faire briller à tes yeux
Un rayon éclatant de ſa gloire immortelle
Si rien ne peut laſſer ton courage & ton zèle,
Voi quel doit être un jour ton deſtin glorieux.

Eſprits du feu, de l'air, de la terre, & de l'onde.
Volez, volez, accourez tous.

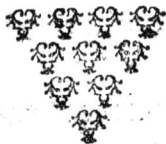

# S C E N E   III.

ESPRITS DES DIVERS ELEMENS , & les Acteurs
précédents.

## O R O M A S É S.

AUx accens de ma voix cieux , ô cieux ouvrés
vous ,

Entends nos vœux maître du monde.
Que du fort & des tems l'obfcurité profonde.
S'anéantiffe devant nous.

*Les Efprits des Elemens font leurs conjurations autour
de Zoroaftre.*

## Z O R O A S T R E.

Où fuis-je !... Un nouveau jour m'éclaire. .
Quels parfums enchanteurs ! .. Quels fons melo-
dieux !
Des fecrets éternels je perce le myftere.
Mon ame vole dans les cieux.

*Il tombe fur un nuage dont il paroît prefque enveloppé.
Et les Efprits des Elemens forment un enchantement
autour de Zoroaftre.*

## OROMASÉS, LE CHŒUR.

Zoroaftre vole à la gloire ;
Triomphe , éclaire l'univers.
Sur tes pas conduis la Victoire,
Donne des chaînes aux enfers.

## ZOROASTRE.

Secondez l'ardeur qui me preffe ;
Ouvrez moi la route , & j'y cours.

## OROMASÉS.

Redouble de conftance : il y va de tes jours.
Pour te perdre , il fuffit d'un inftant de foibleffe ;

## ZOROASTRE.

Puis-je craindre un tiran , que je bravai toujours ?

## OROMASÉS.

C'eft un préfent du Ciel * dont la bonté fupreme
Sçait fi bien au danger mefurer le fecours.
Le malheur à fon terme , & doit avoir fon cours;
Il finit , dès qu'il eft extrême.

## ZOROASTRE.

Ah ! C'eft trop m'arrêter... fous le poids de fes
fers,
Amelite gemit, & fuccombe peut être.

* Il lui donne le *Livre de Vie* , que les anciens Perfans appellerent dans les fuites le *Zend.* Voy. d'Herb. B. or. p. 931. Hyde Hift. Ver. per. ep. ded, Eteh. 26. & 31.

*O R O M A S É S*, *en embraſſant* Z O R O A S T R E.

Puiſſent l'ordre & la paix rendus à l'univers,
Faire aimer aux humains un pere dans leur maître.
      Va : pars : déſire où tu veux être.

### Z O R O A S T R E.

      Tendre Amelite hélas ? . .

*Tout diſparoît. Le Théâtre change. Il repréſente*
*l'interieur redoutable du Château Fort des Rois*
*de la Bactriane.*

---

# S C E N E   I V.

A M E L I T E, entourée de démons & chargée
      de chaînes.

### E R I N I C E, qui ſurvient.

## *C H Œ U R   D E   D É M O N S.*

Envain l'innocence crie,
L'enfer ne l'écoute pas.
Il la pourſuit pendant la vie.
Il la venge après le trépas.

### *A M E L I T E.*

Juſte ciel, quelle barbarie !
Suivrez-vous ſans ceſſe mes pas ?

*ERINICE, en paroiſſant.*

Arrête. Cet inſtant eſt le ſeul qui te reſte.
Renonce au trône, ou meurs.

*AMELITE.*

Je brave ton pouvoir.
Frappe. Je crains bien moins la mort la plus funeſte,
Que l'horreur de te voir.

*ERINICE, en fondant ſur Amelite un poignard à la main.*

Ah! C'eſt trop balancer. Expire. *

* Une porte
de fer ſe bri-
ſe.

---

# S C E N E  V.

ZOROASTRE, AMELITE, ERINICE.

*ZOROASTRE.*

**B**arbare!..

*AMELITE, ERINICE.* **

Zoroaſtre?..Ah! Dieux!

** Le poi-
gnard lui
tombe des
mains; les
démons diſ-
paroiſſent.

*AMELITE.*

Cher Amant ſi l'Amour n'eût daigné vous con-
duire,
Je ne jouirois plus de la clarté des cieux.

### ERINICE.

Que deviens-je ?.. Mon bras à ma haine infidelle
Fait éclatter mon crime, & lui laiffe le jour.

Affreux moment ! Fatal retour !..
Elle vivra pour toi : tu ne vis que pour elle.
A l'excès de ma rage, à ma douleur mortelle,
Connois du moins, ingrat, l'excès de mon Amour.

### ZOROASTRE.
#### à AMELITE.

Cruelle!.. Je fremis... qu'ofe-t'elle m'apprendre ?..
Tous mes fens font glacés d'horreur.
Ciel? Quel amour !

### ERINICE.

Je vois ce que j'en dois attendre,
Je lis dans vos regards ma honte, & fon bonheur,

C'en eft trop, & l'efpoir d'une vengeance extrême
Peut feul adoucir mon malheur.

#### à ZOROASTRE.

Je confondrai dans ma fureur
Ce que je hais, & ce que j'aime.
Tremble. Pour égaler fa peine à ma douleur,
Avant de lui percer le cœur,
J'oferai t'immoller toi-même.

Je

Je confondrai dans ma fureur
Ce que je hais , & ce que j'aime.

*Elle fort.*

## SCENE VI.

### ZOROASTRE, AMELITE.

#### AMELITE.

HÉlas! je bravois fon courroux:
J'ai fouffert les plus rudes coups
Sans palir , fans daigner me plaindre.
La barbare à la fin , m'a forcée à la craindre,
En me faifant trembler pour vous.

#### ZOROASTRE.

Je vois de fes fureurs toute la violence ;
Mais vos jours font en fureté ,
Que peut contre moi fa vengeance ?

#### AMELITE.

Eh ! Contre l'enfer irrité
Qu'elle fera votre déffence ?

#### ZOROASTRE.

Le bras , qui vient pour vous d'enchaîner fa puiffance ,
Au jour , qu'elle obfcurcit, rendra fa pureté.

E

Je vous revois, je ne fens plus d'allarmes.
Je goute enfin le prix de mes tendres foupirs.
L'Amour, qui vous rend à mes larmes,
Dans vos yeux repand tous fes charmes,
Et dans mon cœur tous fes plaifirs.

### A M E L I T E.

Ah! Je n'écoute plus que ma tendreffe extrême...
Je retrouve tout ce que j'aime,
Je perds le fouvenir des maux que j'ai foufferts.

### Z O R O A S T R E.

Je cours les reparer : l'éclat du rang fuprême
Effacera bien-tôt la honte de vos fers.

### A M E L I T E.

Eft-ce pour un empire
Que mon ame foupire?
Vous le fçavez, l'amour la remplit de fes feux,
Vous voir à tous momens, vous aimer, vous le dire,
Voilà l'unique bien qui peut combler mes vœux.

### Z O R O A S T R E.

Vous enchantez mes fens, vous raviffez mon ame...
Qu'on s'oublie aifément dans les bras de l'Amour!

Le devoir m'appelle à fon tour,
Je fers en l'écoutant, & la gloire & ma flâme.

Séjour impénétrable à la clarté des cieux.
Lieux terribles ceſſés d'enchaîner l'innocence.
Murs élevés par la vengeance,
Ecroulés vous, tombés murs odieux.

*Les murs diſparoiſſent ; on voit une place de la Ville de Baĉtre, dans laquelle ſont pluſieurs Troupes différentes de Peuples.*

# SCENE VII.

## ZOROASTRE, AMELITE, CEPHIE, PEUPLES.

### ZOROASTRE, aux Peuples.

LE ciel, qu'ont attendri mes pleurs & votre zéle,
Vous rend le ſeul objet digne de votre choix.

En leur montrant AMELITE.

Le coup alloit partir, & vous perdiez en elle
Tout l'auguſte ſang de vos Rois.

### CEPHIE, CHŒUR.

Eclatez tranſports d'allegreſſe
Brillez dans nos chants & nos jeux.

E ij

Célébrons le moment heureux
Qui vous rend à notre tendreſſe.

*Les Peuples viennent en foule célébrer le retour de*
*Zoroaſtre, & la délivrance d'Amelite.*

### C E P H I E.

Ah! Que l'abſence eſt un cruel tourment!
Mais qu'il eſt doux de revoir ce qu'on aime.

Tout s'embellit au retour d'un amant.
Tout reprent le charme ſuprême
Du plaiſir, ou du ſentiment.
Sans lui le jour le plus charmant
Eſt plus ſombre que la nuit même.

Ah! que l'abſence eſt un cruel tourment!
Mais qu'il eſt doux de revoir ce qu'on aime.

*Le Ballet continue.*

### A M E L I T E.

Non, ce n'eſt pas toujours pour ravager la terre,
Que les vents agitent les airs.
Le ciel, ſans lancer le tonnerre
Fait ſouvent briller les éclairs.

Si l'amour pour un tems éprouve un cœur ſincere,
Et ſemble appeſantir ſes fers,
Qu'il ſoupire; mais qu'il eſpere.
Le bonheur quelque fois naît du ſein des revers.

Non, ce n'eſt pas toujours pour ravager la terre,
Que les vents agitent les airs.
Le ciel ſans lancer le tonnerre,
Fait ſouvent briller les éclairs.

*Le Ballet continue.*

### Z O R O A S T R E, *aux Peuples.*

Ceſſés de redouter des prêtres criminels.
Renoncés à des Dieux cruels,
Qui frapent quand on les implore.

Qu'une fête éclatante, au lever de l'aurore,
De tous les tendres cœurs recompenſe les feux.
Que l'amour ſeul offre nos vœux,
Au Dieu bienfaifant que j'adore.

### A M E L I T E, C E P H I E, C H Œ U R.

Qu'il triomphe des autres Dieux.

### A M E L I T E.

Le jour qui va nous luire eſt un jour de victoire :
Qu'il nous raſſemble à ſon retour.
Cher Zoroaſtre, c'eſt l'amour
Qui veut y couronner la gloire.

### C E P H I E, *avec le* C H Œ U R.

Tendres amans formez les plus beaux nœuds.

*ZOROASTRE, AMELITE.*

Chantés , chantés, vos malheurs c eſſent :
Que les plus doux plaiſirs renaîſſent.

## CEPHIE, CHŒUR.

Chantons , chontons nos malheurs ceſſent,
Que les plus doux plaiſirs renaîſſent :
Que Zoroaſtre ſoit heureux ?

# FIN DU SECOND ACTE.

# ACTE TROISIÉME.

*Le Théâtre repréfente les déhors de la Ville de Bactre ;*
*& le rivage du fleuve qui la partage.*

L'Acte commence avant la fin de la Nuit.

## SCENE PREMIERE.

### ERINICE, ABRAMANE,

### *ABRAMANE.*

RRESTÉS. Moderés cette fureur extrême.
　　　　Le moindre éclat peut écarter
　　　　L'ennemi, qui s'offre lui même
　　　　Aux coups que je dois lui porter.
Laiffés agir ma haine, & quittés ce rivage.

### *ERINICE.*

C'eft ici qu'ils doivent s'unir ?

ABRAMANE.

Je l'attens dans le piége où son amour l'engage.
Son tombeau se prépare, & mon art va l'ouvrir.

ERINICE.

Ah ! C'est à moi de le punir...
Il croit donc consommer son crime & mon outrage ?

ABRAMANE.

Le peuple en sa faveur paroit se réunir :
Je vai dissiper cet orage ;
Mais vous pouviez le prévenir.

ERINICE.

O trop funeste souvenir !
Ma rivale triomphe : elle échappe à ma rage.

ABRAMANE.

O Dieux ! Qu'importe à nos desseins
Ou la vie, ou la mort d'une foible rivale ?
C'est en frappant l'objet d'une flâmme fatale
Qu'il falloit d'un seul coup assurer nos destins.

ERINICE.

L'ingrat !.. En le voyant paroître
Le poignard m'est tombé des mains.

ABRAMANE.

Eh ! Si vous le voyés, malgré tous ses dédains,
L'Amour sera-t'il moins le maître ?

ERINICE.

### E R I N I C E.

Non, tout fert à rallumer
Le dépit qui me dévore ;
L'amour ne peut plus le calmer.

Dieux ! Une autre a fçu le charmer !
Il me fuit le cruel, il me hait ; je l'aborre.
Contre lui que ne puis-je armer ,
Tout ce qui voit le jour du couchant à l'aurore.

Non , tout fert à rallumer.
Le depit qui me dévore ;
L'amour ne peut plus le calmer.

### A B R A M A N E·

Un cœur fier , qui brife fa chaîne,
Reprent un calme heureux avec fa liberté.
Votre ame eft déchirée, un vain dépit l'entraîne.
Puis-je prendre pour de la haine
Les cris de l'amour irrité ?

Il faut aider votre foiblefle
Pour perdre ces inftans, ils font trop précieux.
Ici que votre pouvoir cefle,
Et qu'un nuage épais vous cache à tous les yeux.

*Un nuage épais l'environne.*

### E R I N I C E, *en difparoiffant.*

Ah ! le Perfide !

F

## SCENE II.
### ABRAMANE *seul.*

Osons achever de grands crimes :
J'en attens un prix glorieux.
Leur nom change s'ils font heureux :
Tous les fuccès font legitimes.

Superbe ennemi de mes Dieux.
La mort t'environne en ces lieux ,
Sous tes pas la vengeance a creufé mille abimes.
Et toi que j'adorois... vous peuples odieux ,
Vous bravez mon pouvoir, foyez-en les victimes.

Ofons achever de grands crimes :
J'en attens un prix glorieux.
Leur nom change, s'ils font heureux :
Tous les fuccès font légitimes.

Le jour va raffembler ces peuples inconftans.
Attendons dans ces bois le moment de paroître.
Il faut par des coups éclatans
Affermir un pouvoir qu'on ofe méconnoître.

*Il fort.*

*Les premiers rayons du jour paroiffent.*

## SCENE III.

ZOROASTRE, & sa Suite.

*ZOROASTRE.*

Sommeil fui de ce séjour.

Pour la fête plus belle,
La voix de l'Amour nous appelle ;
Volons à la voix de l'Amour.

## SCENE IV.

AMELITE, & sa Suite
ZOROASTRE, & sa Suite.

*AMELITE*

L'Aurore vermeille
Presse son retour.
Les tendres oiseaux qu'elle éveille,
Par leurs chants annoncent le jour.

*AMELITE, ZOROASTRE.*

Sommeil fui de ce séjour.

Pour la fête la plus belle
La voix de l'Amour nous appelle ;
Volons à la voix de l'Amour.

### Z O R O A S T R E.

De notre flâme mutuelle
L'hymen va pour jamais affurer le bonheur.
L'Amour, qui l'alluma pour la rendre éternelle
   Offre un nouveau charme à mon cœur
  Dans le devoir de vous être fidelle.

### A M E L I T E.

Les plus baux nœuds fe préparent pour nous,
L'Amour doit les former, le bonheur va les fuivre.

  Ah ! que mon deftin fera doux !
  J'aurois voulu mourir pour vous,
  Et c'eft pour vous que je vais vivre.

---

# SCENE V.

PEUPLES BACTRIENS, qui furviennent
Et les Acteurs précédens.

CHŒUR, auquel fe joignent ZOROASTRE
ET AMELITE.

Sommeil fui de ce féjour

  Pour la fête la plus belle,
  La voix de l'Amour nous appelle,
  Volons à la voix de l'Amour.

*Les jeunes Habitantes des rivages divers du fleuve de Bactre , dont l'hymen doit embellir cette fête , arrivent, le Soleil se leve sur la fin de cette entrée.*

### Z O R O A S T R E.

Mille rayons brillans embelissent les airs.
Faisons éclater nos concerts.

### Z O R O A S T R E.

*Hymne au Soleil.*

O lumiere vive & pure ;
Les fleurs, les fruits , la verdure
Semblent renaître à ton retour.

Les couleurs brillent, l'air s'épure ,
La terre reprent sa parure ;
Tu lui donnes l'éclat du céleste séjour.

### C H Œ U R.

O lumiere vive & pure
Les fleurs , les fruits , la verdure
Semblent renaître à ton retour.

### Z O R O A S T R E , A M E L I T E.

Tout se ranime aux premiers feux du jour.
L'oiseau chante, l'onde murmure.
Ce sont les doux concerts que t'offre la nature,
Et les accens de son amour.

*CHŒUR, auquel ſe joint ZOROASTRE.*

O lumiere vive & pure
Les fleurs, les fruits, la verdure
Semblent renaître à ton retour.

Les couleurs brillent, l'air s'épure
La terre reprent ſa parure,
Tu lui donnes l'éclat du céleſte ſéjour.

*Les jeunes filles qui doivent être unies à l'objet de leur*
*tendreſſe vont adorer l'aſtre du jour ; & les peuples*
*célébrent par leurs danſes le retour de la lumiere.*

## ZOROASTRE.

Accourés jeuneſſe brillante,
Laiſſés éclater vos déſirs.

Aimés d'une flâmme conſtante,
L'hymen va remplir votre attente,
Par une chaîne de plaiſirs.

Accourés jeuneſſe brillante
Laiſſés éclater vos déſirs.

# SCENE VI.

JEUNES HABITANS DES MONTAGNES,
& les Acteurs précédents.

*Entrée des jeunes habitans des montagnes & ballet,
avec les jeunes filles que l'hymen leur deftine.*

## AMELITE.

SUr nos cœurs épuife tes armes,
Amour vole & lance tes traits.

Tu nous offres le prix de nos tendres allarmes,
Et l'hymen paré de tes charmes,
Va nous difpenfer tes bienfaits.

Sur nos cœurs épuife tes armes,
Amour vole & lance tes traits.

*Les jeunes habitans des montagnes continuent
leurs danfes.*

## ZOROASTRE.

Hâtons notre bonheur, venez tendres amants.

*Tous les jeunes amants qui doivent être unis, forment
un demi cercle autour de ZOROASTRE & D'AMELITE.*

## ZOROASTRE *continue.*

Dieu bienfaifant, Etre suprême,

Tes loix pour notre cœur font des liens charmans,
Tu veux qu'il t'adore, & qu'il aime.

Daigne écouter nos vœux, & reçois nos fermens.

*Il préfente la main à A M E L I T E. Tous les autres fe
la préfentent en même tems & fe la donnent.*

### Z O R O A S T R E, A M E L I T E.

Je vous jure......

*Un coup de tonnerre éclate , l'obfcurité s'empare de
toutes les parties de l'horifon.*

### A M E L I T E.

Quels feux ! Quel éclat de tonnerre !

### C H Œ U R.

Ciel ! ô Ciel !

### Z O R O A S T R E,

Le jour fuit.

### A M E L I T E.

Je fens trembler la terre.

### Z O R O A S T R E.

Une vapeur mortelle empoifonne les airs......
Sous nos pas, tout-à-coup , que d'abîmes ouverts.

### C H Œ U R,

## CHŒUR.

Ciel ! ô Ciel !

## AMELITE.

Tout mon fang fe glace. . .
*à ZOROASTRE.*

Il va périr . . . hélas ! tout s'arme contre toi. . .
Ah ! fi ton couroux nous ménace,
Jufte ciel , ne frappe que moi.

## ZOROASTRE.

Il protege toujours & ne veut jamais nuire.
L'Amour eft dans nos cœurs , le ciel fera pour nous.

Il m'éclaire . . . raffurez-vous,
Ce n'eft qu'un charme affreux, & je vais le detruire.

*Un amas d'épais nuages paroît rapidement dans les airs , il s'ouvre au bruit du tonnerre ; on voit ABRAMANE fur un char enflâmé.*

## S C E N E  VII.
ABRAMANE, *dans les airs,*
Et les Acteurs précédens.
*A B R A M A N E.*

Dieux armés vous, armés mon bras:
Coulez torrens de feu pour venger leur outrage.
Fiers aquillons dans ces climats
Portez la terreur, le ravage,
Et faites voler le trépas.

*Il disparoît.*

Z O R O A S T R E.

Ah? Cruel!

*A M E L I T E qui tombe sur un trônc d'arbre.*

Je me meurs. . . . .

*C H Œ U R de Peuples qui fuyent.*

Dieux! fuyons tous, fuyons,

# SCENE VIII.

## ZOROASTRE, AMELITE,

PEUPLES qu'on entend & qu'on ne voit pas.

*ZOROASTRE en courant aux piéds d'AMELITE.*

AMelite.. elle expire .. ô ciel ! ..

*CHŒUR dans l'éloignement.*

Nous périffons.

*ZOROASTRE aux Peuples.*

Ah ! je cours vous deffendre.

Ouvrez ces yeux mourans aux cris de ma douleur,
Ils font de l'amant le plus tendre,
L'efpoir, la force & le bonheur.
En tremblant pour vos jours que pourrois-je en-
treprendre ?
Le courage fuit de mon cœur :
Vos yeux, ces yeux fi beaux peuvent feuls me le
rendre.

## AMELITE.

Où fuis-je ! .. quel pouvoir, quels accens amoureux
Arrêtent mon ame expirante ? ...
Ah ! c'eft vous que l'amour offre encore à mes vœux !
Je vous revois... Je meurs contente.

G ij

*Z O R O A S T R E.*

Troupe legere & bienfaisante ,
Venés esprits de paix , accourés en ces lieux.

*Les Esprits bienfaisants paroissent & environnent*
*A M E L I T E.*

*CHŒUR dans l'éloignement.*

Nous périssons.

*Z O R O A S T R E à A M E L I T E.*

Un tiran furieux.
Fait voler sur leurs pas la mort & l'épouvante,
Il faut ou les sauver , ou périr avec eux.
Tendre Amelite , cher amante,
Adieu. Prenés soin de ses jours ,
Daignés la garantir des périls , où je cours.

*Il part : les Esprits bienfaisants environnent Amelite*
*& l'emmenent. Dans le même moment des colonnes*
*de feu se détachent du ciel , fondent sur la ville*
*de Bastre & l'embrasent.*

FIN DU TROISIÉME ACTE.

# ACTE QUATRIÉME.

*Le Théâtre repréſente le Temple ſouterrein & ſecret d'ARIMAN. On voit dans le fonds un Autel d'ebene teint de ſang.*

## SCENE PREMIERE.

### A B R A M A N E ſeul.

CRUELS tyrans, qui regnés dans
mon cœur,
Impitoyable haine, implacable vengeance,
Des remords devorans épargnez-moi l'horreur,
Ou cedez à leur violence.
Dans le fonds de mon ame, une importante ardeur
S'irrite par ma réſiſtance.
Pour me reprocher ma fureur,
Le crime unit ſa voix aux cris de l'innocence :

De l'abîme où je cours, je vois la profondeur...
Tout m'allarme & me nuit ; tout jufqu'à ma puif-
    fance,
Repand autour de moi le trouble & la terreur.

Cruels tyrans, qui regnez dans mon cœur,
Impitoyable haine, implacable vengeance,
Des remords devorans épargnez-moi l'horreur,
    Ou cedez à leur violence.

# SCENE II.
## ZOPIRE, ABRAMANE.
### ZOPIRE.

Votre ennemi triomphe & les momens font
    chers.

    Echappé des périls extrêmes
    Qu'à fon courage oppofoient les enfers,
Nos foldats animés par vos ordres fuprêmes,
    Courroient pour l'accabler de fers.
    Sa voix éclatte dans les airs :
Ils tournent auffi-tôt leurs armes contre eux mêmes,

### ABRAMANE.

    Dieux d'Abramane, Dieux vengeurs
    Quel pouvoir fufpend vos fureurs ?

# SCENE III.

NARBANOR, & les Acteurs précédens.

*NARBANOR en désespoir.*

DU jour le plus serain la clarté vive & pure
A dissipé l'horreur de vos enchantemens.
Les vents sont enchaînés, les fleurs & la verdure
Dans nos champs désolés ramenent le printems.

# SCENE IV.

ERINICE, & les Acteurs précédens.

*ERINICE.*

C'En est donc fait, perfide. Il n'est plus d'es-
perance.
Je me vois pour jamais.
Unie à tes forfaits,
Et je perds sans retour ma gloire & ma vengeance.

*ABRAMANE.*

Un revers d'un instant doit-il vous ébranler ?
Vous sçavés qu'elle est ma puissance.
Est-ce à vous de trembler ?

Rappellez votre courage.
Un honteux défefpoir
Ne doit être le partage
Que des malheureux fans pouvoir.

### ERINICE.

Eh! qué puis-je efpérer encore ?
Amelite refpire, & ton rival l'adore.
Que leur vue à mon cœur a couté de tourmens !
Qu'ils étoient amoureux, & qu'ils étoient contens!
Qu'ils goutoient de douceurs à refferrer le ur chaîne!

### ABRAMANE.

Arrêtez...Eh pourquoi retracer, inhumaine ,
Le fouvenir affreux de ces cruels inftans ?

### ERINICE, ABRAMANE.

O Dieux! Quelle douleur mortelle !
L'amour & le bonheur éclatoient dans leurs yeux,

### ABRAMANE.

Que Zoroaftre étoit heureux !
Qu'Amelite étoit belle !

### ERINICE.

Je vois avec horreur la lumiere du jour.
Ah! Quel fupplice! Quelle peine!
De fentir déchirer un cœur, fait pour l'Amour ,
Par toutes les fureurs d'une impuiffante haine !

### ABRAMANE.

*A B R A M A N E.*

La haine, qui fait agir,
Eft toujours affez puiffante.
Les tréfors de mon art à vos yeux vont s'ouvrir,
Le danger s'affoiblit, quand le courage augmente.
La haine qui fait agir,
Eft toujours affez puiffante.

## S C E N E  V.

ABRAMANE, ERINICE, ZOPIRE,
NARBANOR, Prestres.

*A B R A M A N E.*

QU'une double porte d'airain
Rende à nos ennemis ce temple impénétrable.
Erinice, ofez voir avec un front ferein
Les myfteres fecrets d'un culte redoutable.

*ERINICE fe place : la cérémonie commence
ABRAMANE entouré de Prêtres.*

Suprême auteur des maux & des triftes revers
Qui défolent la terre & l'onde,
O! toi, que fous des noms divers,
J'ai fait connoître à l'Univers
Pour le maître abfolu du monde.

H

On attaque ta gloire. Arme ton bras vengeur.
Fais briller dans les airs les flâmes du tonnerre.
Eclate; venge-toi, ce n'eſt qu'à la terreur
    Que tu dois l'encens de la terre.

*NARBANOR , ZOPIRE , LES CHŒURS.*

On attaque ta gloire. Arme ton bras vengeur.
Fais briller dans les airs les flâmes du tonnerre.
Eclate ; venge-toi ; ce n'eſt qu'à la terreur
    Que tu dois l'encens de la terre.

*ABRAMANE en prenant la Hache ſacrée.*

    Epuiſons le flanc
    Des triſtes victimes.
    Redoutable Ariman ,
    Nourris tes fureurs légitimes
    Dans des flots de ſang.

*Abramane précédé & ſuivi des Prêtres , va à l'Autel,
& il immole les victimes. Pendant ce tems on forme
ſur le devant du Théâtre les danſes que les Peuples
anciens appelloient danſes d'expiation. ***

*ABRAMANE en quittant l'autel.*

Princeſſe, tout m'annonce un ſecours invincible,
Et je ne vis jamais d'augures plus heureux ,

---

* Les anciens n'avoient point d'acte de religion ſans danſe.

Réunissons nos voix, & qu'un charme terrible
Assure encor le succès de nos vœux.

## ABRAMANE, ERINICE.

Ministres, redoutés du plus puissant empire,
Des mortels, & des dieux, de vous-même ennemis;
Vous esprits, que l'ardeur de nuire
Peut seule forcer d'être unis.

Volez, volez, troupe cruelle,
Donnés un libre essor à toutes vos fureurs.

L'amour outragé vous appelle:
Accourés à ses cris implacables vengeurs.

*Les Esprits malfaisans sortent en foule de toutes les parties du théâtre. La Haine paroît dans le fond avec les Furies, le Désespoir, &c. Cette troupe s'ouvre & la Vengeance arrive armée d'une massue hérissée de pointes de fer.*

## SCENE VI.

## LA VENGEANCE, LA HAINE, LE DESESPOIR, LES FURIES &c.
### les Acteurs précédens.

### CHŒUR.

A Ta voix nous quittons sans peine
L'éternelle nuit.

La Haine

Nous mene,

La Vengeance nous fuit.

### *L A V E N G E A N C E.*

Les biens que notre main difpenfe

Ont plus de douceurs qu'on ne penfe.

Nous offrons pour fecours, dans leurs maux rigou-

reux ,

Aux cœurs outragés la vengeance ,

Et le trépas aux malheureux.

### B A L L E T.

*La Haine donne à la Vengeance une poignée de ferpens;*
*le Défefpoir lui donne un poignard enfanglanté.*

### *L A V E N G E A N C E* , à Erinice.

Vengez-vous, ceffez de fouffrir.

Plus un injure eft éclatante ,

Plus il eft doux de la punir.

\* La Haine fe plaît à jouir

D'une vengeance lente ;

Mais quand le moment fe préfente ,

On ne peut trop-tôt le faifir.

Vengez-vous, ceffez de fouffrir.

Plus une injure eft éclatante ,

Plus il eft doux de la punir. \* \*

\* En lui montrant les ferpens.

\* \* Elle lui donne le poignard que le Défefpoir lui a remis,

*ERINICE en saisissant le poignard.*

Ah! Je crois voir déja ma Rivale sanglante
Chanceler, tomber & mourir.

à A B R A M A N E.

Portons les coups les plus terribles.
Immolons deux ingrats, frappons-les tour-à-tour.
La haine dans les cœurs sensibles
Est extrême comme l'amour.

*LA VENGEANCE à A B R A M A N E,
en lui donnant sa massue.*

Va, cours: j'arme tes mains, n'écoute que la rage.

Par les plus funestes éclats
Signale ton courage.

Que la fureur guide ton bras,
Que la flâme, que le ravage
Precéde, & suive ton passage.
Brave le plus affreux trépas,
Fais voler par tout le carnage.

Des cœurs qui ne se vengent pas
L'oprobre est toujours le partage.
L'honneur parle: combats.
Meurs, s'il le faut, mais venge ton outrage.

*ABRAMANE à la VENGEANCE.*
Que la vengeance a de douceurs !

Un plaifir inconnu paffe avec tes fureurs,

       Jufques dans le fond de mon ame.

L'Amour a moins d'attraits que l'ardeur qui m'en-
flamme.

       Que la vengeance a de douceurs!

*LA VENGEANCE.*

Que de votre ennemi le fupplice commence.    *

* Une Sta-
tuë repré-
fentant Zo-
roaftre pa-
roit fur l'au-
tel. Qu'il fe fente frappé par d'invifibles coups.

      Volés, fecondés ma puiffance.

      Efprits cruels, Efprits jaloux,

      Faites triompher la vengeance.

*Elle fe place au pied de l'Autel.*

B A L L E T.

*Les Efprits infernaux conduits par la Haine & le
Défefpoir accourent à la voix de la Vengeance,
armés de ferpens, de poignards, de javelots, de
haches, &c. Le Défefpoir fe faifit de deux flambeaux
éteints qui s'allument au feu qui l'embraze. Il les
fecoue fur la Haine & fur les Démons. Leur fureur
augmente; la Haine lui ravit un de ces flambeaux &
ils courent enfemble à l'autel avec leurs fuites. Ils
font contre la Statuë de Zoroaftre les plus redoutables
conjurations. Il approchent, levent le bras ... prêts à
la frapper; un tourbillon de flâmes fort de l'autel,
& la Statuë difparoît.*

*LA VENGEANCE, encore au pied de l'autel.*

La flamme le confume!

*A B R A M A N E.*

Ah! quel espoir plus doux.

*ABRAMANE, ERINICE,* LES FURIES, *ZOPIRE.*
*N A R B A N O R. CHŒU R.*

Quel bonheur ! L'enfer nous seconde.

Que ses feux embrazent les airs.

Qu'ils dévorent la terre & l'onde.

Que tout se confonde.

Les plus grands maux sont nos biens les plus chers.

*Les Esprits infernaux forment un Ballet de joye vive,*
*qui est interrompu par une simphonie effrayante.*
*L A V E N G E A N C E.*

Ah ! Nos fureurs ne sont point vaines.

De l'empire des morts, les voûtes souterreines,
Paroissent s'écrouler à ces terribles sons. . .
Ils redoublent . . . l'enfer va parler. Ecoutons.

# S C E N E  V I I.

Une VOIX SOUTERREINE, & les Acteurs
précédens.

*La VOIX SOUTERREINE.*

COurs aux armes. Offre aux enfers
Des forfaits dignes de leur rage.

Fais trembler la vertu, fait palir le courage.

Un revers éclatant va changer l'univers.

## SCENE VIII.

ABRAMANE, ERINICE,
Et les Acteurs précédens.

*ERINICE, LA VENGEANCE, ABRAMANE,
ZOPIRE, NARBANOR, LES FURIES, PRESTRES,
DEMONS.*

Courez, courez ⎫
Courons, courons ⎬ aux armes.

La victoire est à ⎧ vous ⎫ rien ne peut ⎧ vous ⎫ troubler.
⎩ nous ⎭ ⎩ nous ⎭

*LA VENGEANCE avec le CHŒUR.*

Pour vous quelle gloire !
Tout va trembler.

Le sang va couler,
On va s'immoler,
Triomphe victoire.

Le bruit, le ravage,
La mort, le carnage.
Sont nos plaisirs.

La fureur, la rage,
Ne font que l'image
De nos désirs.

Pour vous quelle gloire !
Tout va trembler.

Le sang va couler,
On va s'immoler,
Triomphe, victoire.

# FIN DU QUATRIE'ME ACTE.

# ACTE CINQUIEME.

*Le Théâtre représente le Champ antique de ZERDOUTS,* ✱
*où se faisoit l'inauguration des Rois de la Bactriane.*
*Il est entouré de rochers, coupé de prairies, & borné*
*dans le fond par la chaîne de Montagnes qui sépare*
*cette partie de l'Asie de l'Indostan.*

# SCENE PREMIERE
## *E R I N I C E seul.*

QUEL tourment!.. Où trouver la trace de
    ses pas?
Un barbare auroit-il assouvi sa furie?
      Je fremis... Zoroastre hélas!..
Malheureuse!.. est-ce à moi de trembler pour sa
    vie?

---

✱ *L'Ami du feu,* les plus anciens Persans nommoient ainsi *Abraham.*
Ce même nom fut donné dans les suites à *Zoroastre,* que l'amour de
tout l'Orient confondit avec le premier.

I

Amour, cruel Amour, ton funeſte bandeau
Cache à nos yeux l'abîme, où ta main nous entraîne.
Elle a déja formé tous les nœuds de ta chaîne,
  Quand tu fais briller ton flambeau.

Mon cœur s'irrite envain, ſon penchant le ramene.
  C'eſt un combat toujours nouveau,
Et je vois tour-à-tour, & l'amour & la haine
S'armer pour mon ſuplice, & creuſer mon tombeau.

Amour, cruel Amour, ton funeſte bandeau
Cache à nos yeux l'abîme, où ta main nous entraîne.
Elle a déja formé tous les nœuds de ta chaîne,
  Quand tu fais briller ton flambeau.

  Il approche.… Enfin je reſpire.

---

# SCENE II

## ZOROASTRE, ERINICE.

### *ZOROASTRE en ſe détournant.*

C'Eſt Erinice. O ciel !..

### *ERINICE.*

  Reſpecte mes douleurs,
Et cache-moi du moins l'horreur que je t'inſpire.
  Ne redoute plus mes fureurs;
On menace tes jours, tout mon courroux expire.

## ZOROASTRE.

Qu'un perfide confpire & s'arme contre mbi,
    A trembler, croit-il me contraindre ?
La mort ne m'a jamais infpiré de l'effroi.
    C'eft la mériter que la craindre.

## ERINICE.

Ah ! Crains nos prêtres furieux ;
Leur cruauté, leurs cris, leurs complots odieux
A mon cœur éperdu fe retracent fans ceffe....
    Eloigne toi, fui, le tems preffe ;
Abramane a pour lui les Enfers & les Dieux.

## ZOROASTRE.

Je brave les Dieux d'un barbare :
Je hais leurs Prêtres criminels,
Et c'eft fur le débris de leurs fanglans autels
    Que mon triomphe fe prépare.

## ERINICE.

Hélas ! Ta confiance augmente ma terreur.
Connois d'un art fatal le pouvoir redoutable.
Dans un enchantement terrible, épouvantable,
Moi-même, qui t'adore.. (En frémiffant d'horreur...)
J'éprouvois les tranfports d'une troupe coupable.
    La rage, la fureur
    De l'enfer implacable
Ont paffé malgré moi, jufqu'au fonds de mon cœur.

### Z O R O A S T R E.

O ! miſtéres affreux d'un culte déteſtable !
　　Cruelle !... Eh ! vous ne craignez pas ?

### E R I N I C E.

　　Ah ! Je ne crains que ton trépas.

Tu vois le déſeſpoir où mon ame ſe livre,
Sois touché de mes pleurs, fûi cet affreux ſéjour.
Mes malheurs, tes mépris, ma mort qui va les ſuivre,
Je te pardonne tout, ingrat ; ſi tu veux vivre,
Et c'eſt l'unique prix qu'exige mon amour.

*On entend une Simphonie éclatante.*

Qu'entens-je ? O Dieux !

### Z O R O A S T R E.

　　C'eſt un peuple fidelle
Qui fait pour Amélite éclater ſes tranſports.
Jugez quels ſont nos vœux contre vous & pour elle,
　　Par ſes vertus & vos remords.

### E R I N I C E.

Mes remords !.. Ce reproche étouffe leur murmure...
　　Notre fort eſt de nous haïr.
Il manquoit à mon cœur cette nouvelle injure
　　Pour le forcer à m'obéir.

　　　　　　　　　　*Elle ſort.*

# SCENE III.

*ZOROASTRE seul.*

ELle court d'abîme en abîme,
En cherchant la paix qui la fuit.
Tel eft le jufte fort du crime,
Le trouble l'environne, & l'oprobre le fuit.

Le Peuple dans ces lieux par un antique ufage,
Aux Rois, qu'il s'eft choifi, doit rendre fon homage.
Il y guide Amélite & vient s'y raffembler...

*CHŒUR de peuples qu'on ne voit point.*

Dieux, ô Dieux! quel coup terrible!

*ZOROASTRE.*

Ciel! quel nouveau malheur vient encor me
troubler!

# SCENE IV.

CEPHIE, PEUPLES, ZOROASTRE.

*CEPHIE : le Chœur en paroiffant.*

JOur funefte! Sort inflexible!

*ZOROASTRE.*

Cephie... Eh! quel eft donc le fujet de vos pleurs?

# ZOROASTRE,
## CEPHIE.

Au milieu de fon peuple, & charmant tous les cœurs,
Amélite en ces lieux au trône étoit conduite
Par des chemins femés de fleurs.

Tout-à-coup l'air s'agite,
Un tourbillon de feux
Entre elle & nous fe précipite,
Et plus prompt qu'un éclair, la ravit à nos vœux.

## ZOROASTRE.

Que deviens-je!.. Amélite?.. O difgrace cruelle!..
Que me fert déformais un immenfe pouvoir?
Qu'ai-je à faire du jour fans elle?..
O ciel! Quel honteux défefpoir!

*CHŒUR de Prêtres armés qui paroiſſent en foule
au fond du Théâtre.*

Que la fiére Erinice
Triomphe & régne dans ces lieux.

## CHŒUR de Peuples.

Quels fons! Quels cris tumultueux!

# SCENE V.

ERINICE entourée de ZOPIRE, de NARBANOR des PRESTRES D'ARIMAN, armés de cuirasses, de casques, de massues &c. ABRAMANE sur un Nuage enflâmé, & les Acteurs précédents.

### ERINICE, ABRAMANE.

Que tout céde : que tout flechisse.

### ABRAMANE.

Adorez en tremblant, le choix qu'on fait les Dieux.

### ZOROASTRE.

Traitre, c'est trop longtems suspendre ton suplice...

### ABRAMANE.

Arrête. Je connois ton pouvoir odieux.
Si par un geste, un mot, ta crainte ou ta vengeance
   Ose implorer l'aide des Cieux, *
   Amélite est en ma puissance.
   Tremble. Je l'immole à tes yeux.

### ZOROASTRE.

Quel horrible moment pour le cœur le plus tendre !
Je sens que je succombe à cet affreux revers....

* Il leve sa massue, une partie du nuage s'ouvre, on voit à ses pieds Amelite chargée de fers,

Non, non le Ciel eſt juſte, il ſçaura la deffendre,
Et je ſçaurai du moins mourir ſi je la perds.

*Il éléve ſes mains vers le Ciel.*

Tombés monſtres, tombés dans le fonds des enfers.

*La foudre éclate, tombe ſur Abramane, Erinice & les
Prétres : les entrailles de la terre s'ouvrent & ils y
ſont tous engloutis. Dans le même tems le théâtre
change, on voit un édifice éclatant rempli d'une foule
des divers Eſprits des Elémens. C'eſt le premier
temple élevé à la lumiere ; il eſt d'ordre compoſite :
les voutes ſont à jour, elles laiſſent voir dans les
airs les divers ſimboles, des biens, des arts & des
vertus que Zoroaſtre va répandre ſur la terre. Oromaſés Roi des Genies paroit ſur des nuages légers
& brillans, l'on revoit Amélite entourée des Eſprits
Elémentaires qui la délivrent de ſes chaînes, &c.*

---

# SENE VI.

## OROMASES, Esprits Elementaires ZOROASTRE, AMELITE, Peuples.

### OROMASES dans les airs.

PAr un dernier revers digne de ton courage,
Le ciel vouloit encor éprouver ta vertu.
Zoroaſtre, * en veillant ſur ſon plus bel ouvrage,
Je gardois le prix qui t'eſt dû.

* En lui montrant Amelite, que les Eſprits bienfaiſants conduiſent
à Zoroaſtre.

Regnez

Regnez dans ces climats où la paix va renaître.
Ces peuples vous font chérs, répondez à leur vœux
   L'amour des sujets & du maître
   Fait les Rois, qui seuls devroient l'être,
Les empires puissans & les régnes heureux.

*Aux Esprits.*
Unissez ces Amans des plus aimables nœuds.

              *Oromasés disparoît.*

---

## S C E N E   VII.
### ZOROASTRE, AMELITE, &c.
### B A L L E T.

*Les Esprits bienfaisans couronnent Amelite & Zo-
roastre. Ils les unissent avec des nœuds de fleurs.*

### Z O R O A S T R E.

QUe ces nœuds font charmans !

### A M E L I T E.
   Qu'ils flattent ma tendresse !

### Z O R O A S T R E.
Que je vous aime !

### A M E L I T E.
   Doux retour !
       K

## ENSEMBLE.

Toute mon ame est l'amour.
Il l'enchaîne à jamais ; qu'il l'enflâme sans cesse !

## ZOROASTRE.

Venez Peuples, venez : que dans cet heureux jour
L'orgueil du trône disparoisse.

## AMELITE.

Autour de nous que tout chante & s'empresse.
Bergers, mêlez vos jeux aux fêtes de la cour.

## ZOROASTRE.

Que ces nœuds font charmans !

## AMELITE.

Qu'ils flattent ma tendresse !

## ZOROASTRE.

Que je vous aime !

## AMELITE.

Doux retour !

## ENSEMBLE.

Toute mon ame est l'amour.
Il l'enchaîne à jamais ; qu'il l'enflâme sans cesse !

# SCENE VIII ET DERNIERE.

BERGERS, BERGERES PASTRES, PASTOURELLES *
PEUPLES, &c. qui viennent en danſant ſe mêler
à la fête, & les Acteurs Précédens.

### A M E L I T E.

L'Amour vole au ſon des hautbois.
Il vient ſur le gazon chanter vos chanſonnettes.
C'eſt aux doux accens de ſa voix
Que vous accordez vos muſettes.

Tendres Bergers un premier choix
Remplit tous les vœux que vous faites.
Nos cœurs ſuivront les mêmes loix ;
Vous nous verrez toujours heureux comme vous
l'êtes.

L'Amour vole au ſon des hautbois.
Il vient ſur le gazon chanter vos chanſonnettes.
C'eſt aux doux accens de ſa voix
Que vous accordez vos muſettes.

---

* On a eſpéré que des Bergers de l'ancienne Aſie ſeroient vûs ſans
peine ſous des habits differens de ceux, dont on a maſqué juſqu'ici
la Bergerie de nos théâtres.

## BALLET.

Les *Esprits bienfaisans*, les *Peuples*, les *Bergers*, *&c.*
font éclater leur joie & leur amour, en se réunissant
tous pour aimer & servir *Zoroastre* & *Amelite*. Cette
union vive termine là fête, & l'opéra.

## FIN.

---

## APPROBATION.

J'Ai lû par ordre de Monseigneur le Chancelier ;
une Ré-impression de *Zoroastre*, *Opéra*, *avec quelques
changemens*. A Versailles, le 2 Décembre 1755.

DEMONCRIF.

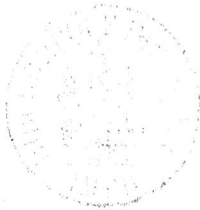

www.ingramcontent.com/pod-product-compliance
Lightning Source LLC
LaVergne TN
LVHW051504090426
835512LV00010B/2338